RELACIONES
HUMANAS AL
MODO DE DIOS!

"RELACIONES HUMANAS AL MODO DE DIOS"

Escrito por

Giovanni A. Belgrave Gittens
y
Jéssica M. Thomas Gómez

Contenido y Página

Introducción

Todos tenemos algo en común, y es relacionarnos con los demás, y descubrir en el transcurso del tiempo, la respuesta a la pregunta: ¿qué podemos obtener como hijos de Dios y seres humanos de estas relaciones?

La misma Biblia nos muestra la importancia de relacionarnos. Puede leer Salmos 133:3 y Romanos 12:10. Y, de cómo hacerlo, lea Proverbios11:14 y 1era de Juan 4:7. Pero, aún más importante con quien(es) relacionarte para que sea de beneficio y bendición a nuestras vidas por igual.

Pero, ¿qué es relacionarse?
Es un trato o unión que hay entre dos o más personas o entidades.
Entonces, la pregunta del millón sería, ¿cómo puedo mantener una buena relación con los demás? Y, por otro lado, ¿es posible lograrla?

Y, la buena noticia es que ¡SÍ! Se, puede lograr. Y, precisamente, en este pequeño trabajo literario, abordaremos y analizaremos unos cuantos puntos importantes dentro de las relaciones humanas, pero al modo de Dios, para lograrlo. Recordando también que una buena relación requiere de buena actitud, algo de complicidad, mucha armonía y decisión de cuidar dicha relación. Es un trabajo arduo y sobre todo en equipo.

El gran interés de querer relacionarnos con otros, puede ser la clave de conocer, hasta cierto punto, el éxito en todos los ámbitos de nuestra vida.

Hablaremos sobre la amistad, el noviazgo, el matrimonio, padres e hijos, patronos y empleados, y líderes y discípulos (en el ámbito eclesiástico) de manera breve, ya que en nuestras conferencias *"Relaciones Humanas Al Modo De Dios"* abordamos mucho más a fondo y detalladamente otros puntos que aquí no tocamos; por lo que le invitamos, también, a participar de nuestras conferencias.

Relación de amigos

¿Qué es la amistad? La amistad es una de las relaciones interpersonales más comunes que la mayoría de personas tienen en la vida. La amistad nace cuando las personas encuentran inquietudes y sentimientos comunes y, por ende, caemos nuevamente en la complicidad. ¡Pero cuidado, la amistad puede lastimarse porque sencillamente es "un alma" en dos cuerpos!

Las amistades son orgánicas, ellas viven y crecen, y a veces se marchitan y mueren. La negligencia nuestra puede matar una relación, tan profunda como el interior de una planta. Y, en cierto modo, nos gustaría que nada pusiera en peligro una hermosa amistad. A esto le llamamos amor incondicional ¿verdad?

Pero la realidad es que existen muchos venenos que pueden poner fin a una relación de amistad. La amistad la une el amor fraternal que podríamos decir es un afecto llámese cariño o ternura, el mismo que nos une a familiares, por eso dicen **QUE LOS AMIGOS SE CONVIERTEN EN FAMILIA**.

¡SER AMIGO, HACER AL AMIGO!!! Nos preocupamos por tener muchos amigos, pero deberíamos centrarnos en ser un amigo que valga la pena. En el mundo de hoy que está conectado por medio a la tecnología, la definición de ser amigo ha cambiado, en las redes sociales el término **"AMIGO"** se usa con frecuencia para descubrir contactos más que a relaciones y, realmente, los amigos hacen que sea más fácil nuestra vida, ya sea dándonos apoyo y motivos para sonreir, luchar y sobre todo vivir el evangelio de Cristo. En ese sentido, procurar lo mejor para la otra persona, es la esencia de una gran relación de amistad. Los verdaderos amigos influyen en la vida de las personas con quien se relacionan, por eso Jesús a sus discípulos los llamó: amigos.

AHORA BIEN ¿QUÉ PUEDE DAÑAR UNA RELACION DE AMISTAD O MARCHITAR ESA FLOR SIN ESPINAS QUE TENEMOS A NUESTRO CUIDADO?

Aquí les presento algunas acciones dañinas a nuestra realción de amistad, pero ojo, las mismas pueden dañar cualquier otra relación:

1. **SER INCONGRUENTE**. De verdad no debes decirle a alguien te valoro, te amo, eres lo máximo para mi; y por el otro lado hacer cosas que lastimen a esa persona, y por ende su amistad.

2. **BASARSE SOLO EN INTERESES**. A veces, cuando solo hablas para pedir un favor o solo buscas a esa persona cuando necesitas algo, puedes hacer sentir a la otra persona que es solamente utilizada.

3. **NO RESPETAR**. Cada persona tiene diferentes valores y formas de ser o que pueden ser ofensiva para algunos. Cuando alguien se molesta por una acción, tuya debes tener cuidado y no exceder en tus límites.

4. **SER HIPÓCRITA**. Estaremos de acuerdo todos los psicólogos que cualquier persona se basa en la comunicación y cuando no es sincera, entonces no puede florecer la confianza.

5. **ENGAÑAR**. Cuando le mientes, defraudas o engañas al otro, también contribuyes a que no crea más en ti.

6. **NO PERDONAR**. Si no perdonas a tu amigo(a) las ofensas, como en toda relación las hay, nunca podrás tener una relación sana y duradera.

Soy una persona que comete muchos errores, por eso aprecio a los que se quedan conmigo después de saber como soy.
L.P.

¿QUÉ PODEMOS HACER PARA FUNDAMENTAR UNA BUENA Y DURADERA RELACIÓN DE AMISTAD?

PUES SENCILLAMENTE, entender que si así lo deseas y la otra persona vale la pena tener como amigo(a) debes tener:

- **LEALTAD**. Ser un(a) amigo(a) fiel y digno(a) de confianza
- **CONFIANZA**. Que puedan en ti ver a alguien en quien se pueda confiar, si te llaman aparezcas y si estás cabizbajo te animen.
- **ACEPTACIÓN**. Amar a tus amigos como son y aceptarlos de la forma que son, como lo hacen contigo.
- **ENTENDIMIENTO**. Queremos ser entendidos, ver con claridad quienes somos y en quien confiar en tiempos difíciles,
- **INTIMIDAD**. Un amigo es con quien podemos abrirnos completamente y contar nuestros secretos más oscuros y con quien se pueda hablar cualquier cosa.

Relación de novios

¿Quién no se ha enamorado alguna vez? ¿Quién no ha sentido ese cosquilleo en el estómago y pecho? ¡CREO QUE TODOS!

Antes de empézar una relación, lo primero que llega es ese flechazo. Ves a esa persona y crees que cupido ya lanzó una de sus flechas a tu corazón. En realidad, no es amor a primera vista *PORQUE EL AMOR SE CONSTRUYE CONSTANTEMENTE*; en realidad, lo que sientes con ese flechazo es ¡atracción!

EL AMOR ES UN SENTIMIENTO DE EFECTO UNIVERSAL QUE SE SIENTE HACIA OTRA PERSONA, ANIMAL O COSA. Entonces, está claro que sentiste ¡solo atracción!

Si hay algo importante que debe existir antes de un matrimonio es un noviazgo. ¿Sabes por qué? Porque de un buen noviazgo sale un buen matrimonio.

El noviazgo pasa por diferentes etapas importantes las cuales van tejiendo nuestra historia con la historia de otra persona, lo cual es vital vivirla para tener un noviazgo sólido y hermoso, y toda esta historia hermosa empieza con algo interesante y maravilloso llamado "señor" *ENAMORAMIENTO*.

EL ENAMORAMIENTO. Se entiende por enamoramiento a un estado emocional que se caracteriza por la alegría y una fuerte atracción hacia otra persona.

El enamoramiento va de 1 a 4 meses, por esta razón, los primeros meses de una relación son los más bellos, apenas están empezando, todo está muy bueno y automáticamente ves todo lo bueno de tu enamorado(a) y no te fijas tanto en los aspectos malos solo en sus virtudes, por ende las hormonas invaden nuestro cerebro y tenemos sensaciones inimaginables, siempre quieren estar cerca, prácticamente no hay conflictos porque solo se enfocan en hacerse sentir bien el uno al otro. Cabe destacar que este sentimiento tiene 3 etapas: 1. **FUSIÓN**. Es decir, quieren estar juntos siempre 2.**VINCULACIÓN**. Se comienzan a demostrar afecto y comparten tiempo al salir juntos. 3. **ADAPTACIÓN**. Un cierto apego amoroso, Etc. Es importante saber lidiar con estas 3 etapas para no caer en confusiones emocionales ni confundir *enamoramiento con amor*.

Por las mismas cosas que provoca el enamoramiento llega la etapa del conocimiento, comienzas a conocer más a tu chico(a) y platican por muuuucho tiempo. Muchos ni duermen lo suficiente. Normalmente aquí salen esas palabras de cariño, se van adaptando uno al otro y ¡hasta apodos nacen!! Pero, en esta etapa se pueden presentar pequeñas discusiones porque ahí se darán cuenta que sí y que no le gusta al otro, que le molesta y que no. En fin, se van conociendo mucho más.

DESPUÉS, VIENE EL ACOPLAMIENTO. Va desde los 6 meses hasta el año. Esta etapa es hermosa, pero la más difícil porque aquí es cuando la cosa ¡se va poniendo buena!! Aquí empiezan a surgir diferencias, problemas, desafíos, adaptarse uno al otro. Pero, con una buena comunicación, pueden salir adelante de esa etapa. Aprender a ceder es imortantísimo. Sino lo hace uno, lo debe hacer el otro. Y, muchas veces, si ninguno de los dos lo hace, lamentablemente con el tiempo tropiezan con obstáculos de incompatibilidad que la mayoría de los casos ¡terminan en separación!

Luego llega la estabilidad. Aquí, se va poniendo la cosa ¡más dura y seria! Sobreviven a la etapa del se platican.acoplamiento y te tengo una noticia, *SE ACABARON LOS OBSTÁCULOS DE ADAPTACIÓN...* Siiiii, ¡pero no por completo!! En esta etapa te sientes más feliz y además, la cosa se va poniendo seria y hasta planes futuros

Y entra la **CONFIRMACIÓN** de que ya esa es la persona con la cual quieres compartir una bella relación que podría y deseas termine en ¡MATRIMONIO!!

PERO NO ES SOLO QUE LO DESEEN HAY QUE TRABAJAR EL NOVIAZGO PARA PODER TENER ÉXITO EN ESA RELACIÓN Y TERMINE EN LA AHNELADA BODA. Un noviazgo, es una escuela de amor, si el noviazgo es bueno (entiéndelo bien) entonces tu matrimonio será exitoso. En CANTARES 8:7 SE habla claramente de lo fuerte que es sentir amor y cómo el amor es importante en toda relación, ese amor que sientes es un regalo maravilloso que DIOS te dio. Todos los días el amor empieza de nuevo y debes tener presente que la persona ideal para tu vida es la persona que te acerque más a DIOS. Deben buscar siempre juntos la voluntad de DIOS.

TODO MUNDO hoy día, anda locamente buscando un amor. Todos quieren sentirse amados. El término noviazgo cambia, ya que ahora son platónicos o son cibernéticos. Todos buscan a ciegas un amor, pero la manera, la única manera para realmente encontrar al amor de tu vida, la pareja que has soñado siempre, es a través de la ORACIÓN. ¡Así es, por medio de la oración! Dios, debe estar desde el principio para tener un final feliz. Tú como cristiano no deberías entregarle tu corazón a una persona que no le ha dado su vida a Dios. Tener un noviazgo que agrade a DIOS, es la base para que tengas una vida y una relación como la que deseas, porque Dios hará Su parte.

Si tu pareja ama a DIOS por encima de todas las cosas, puedes tener la seguridad que te amará a ti ¡por encima de todas las *ADVERSIDADES*!!

Con el enamoramiento y las cosas bellas que implican un noviazgo muchos no logran ver los beneficios del mismo. Pero si muchos, por no decir todos, entendieran que un noviazgo te da la oportunidad de conocer y elegir a tu futura pareja matrimonial para dar ese paso tan importante en tu vida. El noviazgo es la antesala al matrimonio. Por lo cual, hay que tomar en cuenta muchos detalles, y aquí te diré unos cuantos:

. *Hay que tener en cuenta que tu pareja no se convierta en una obsesión, o dependas de ella para ser feliz.* Es como cuando dicen: Sin ella no sé vivir. No quiero vivir sin él, Etc. Noooooo ¡por Dios!! Estás en un noviazgo, un barco yendo a un destino que solo Dios conoce. Es como la prueba a ver si esa es la persona que Dios destinó para ti. No es que se tiene que quedar necesariamente, hay noviazgos largos que han terminado porque se dieron cuenta que no están hechos el uno para el otro. Si tu amor surge y perdura o termina, es porque Dios lo permitió.

. *Deben pensar en el futuro.* Tener bien claro, una vez ya se formalizaron como novios, que su destino debe ser el matrimonio, sino será como ir de vacaciones a un resort y quedarte encerrado en tu habitación.

3. *Un(a) novio(a) no llora de amarguras y tristezas*. La vida está demasiado complicada como para dañar algo tan lindo como el noviazgo, amargándote en vez de dedicarse el uno al otro a provocar alegrías y risas. Si tus pleitos son constantes y no le ves felicidad a esa relación entonces ¡corta ya!! Porque es posible que por ahí no vayas bien. Platícalo con tu pareja y hablen sobre ese asunto y si continúa lo mismo: ¡A volar pajarito!

4. *No dejes a tus amistades*. El hecho de haber empezado un noviazgo no debe influir en que dejes de ser tú o que dejes de tratar a tus amigos. Una cosa es límites y respeto. Otra, es olvidarte o abandonar a tus amigos. ¡Y cuidado! Hay una parte del otro que sale cuando estamos en grupo, mira su comportamiento te puede estar dando señal de lo que puede venir en su comportamiento en una relación más seria. Debemos tener nuestra individualidad y, lo misma, nos ayudará a ser mejores.

5. *Conocer a su familia*. Es vital y primordial tratar con su familia para conocerlos más a fondo, no solo para tener una relación en armonía sino para que mires en qué ambiente creció tu pareja y que pautas, buenas o malas, puede tener en un futuro matrimonio, ya que mayormente repetimos comportamientos, adaptándolos y llevándolos a nuestro futuro.

Una persona que crece en un hogar disfuncional puede ser un factor determinante en su vida y cómo puede ser en el futuro con su familia. Además de que llevarse bien con la familia de la pareja, hoy día, es un regalo divino y se evitan muchos dolores de cabeza.

6. *Si no decide casarse, no sigas por rutina o costumbre*. Debes saber que si no estás dispuesto(a) a terminar casado(a), mejor no empieces un noviazgo. Y si la otra parte no quiere casarse y, más bien, quiere que seas su novia o novio eterno pues que ¡apunte pa otro lao! Debes tener firmeza y base que ese noviazgo debe terminar en matrimonio. Si no ves esa decisión en tu pareja pues es mejor cortar a tiempo, para evitar un fracaso matrimonial. Puede ser que a tu novio(a) no le interese que tú seas parte de su futuro. **DÁTE TU VALOR**.

7. *Tiempo de aprender a quererse y valorarse el uno al otro*. Admirar a tu novio(a), viendo y aceptando lo bueno y malo de tu pareja, aceptarlo(a) con sus defectos, con su forma de ser opuesta a la nuestra. Acogerlo(a), abrazarlo(a), hacerle un lugar junto a ti, darle la bienvenida a estar sin intentar cambiarlo(a), sin imponerse. Respetar lo que el otro piensa y siente, incluso cuando no te guste o no estés de acuerdo. Ponerte en sus zapatos y comprenderlo(a).

8. ***No casarse apresuradamente***. Hemos tocado el punto de que si no quiere boda, ¡pues olvídalo! Pero, tampoco es que vas a tomar una decisión de casarte al mes de conocerlo. ¡Aunque ha sucedido en casos excepcionales! Un noviazgo, según expertos en relaciones, debe durar de 1 a 2 años mínimo. Hay muchas cosas que hemos mencionado aquí, algunas solamente que deben pasar y surgir en un noviazgo, y que no ocurren en 2 ni 3 días. Debes tomarte el tiempo de conocer a esa persona, no casarte con alguien que conociste hace poco y solo tienes suposiciones de cómo es. Los investigadores notaron que los matrimonios que tenían más de 2 años citándose, conociéndose, tratándose durante un duradero noviazgo alcanzaron un matrimonio más exitoso. Así que, mira al futuro pero ¡no vueles!

Sin respeto, **sin** confianza y **sin** comunicación, no sirve ninguna relación.

vida eterna en Jesucristo

TENER UN NOVIAZGO significa que empezamos a vivir nuestros días cerca de otra persona. Por eso es importante, desde el principio, ser sinceros, hablar con la verdad a ese alguien que quieres esté en tu vida.

Es fácil caer en las mentiras durante un romance o noviazgo y luego se hace una cadena de mentiras que, por solo escapar de verdades dolorosas, provoca rompimientos inevitables. El noviazgo es la única oportunidad de observar al futuro antes del matrimonio, pero lidiando con la verdad y realidad de ambos.

El amor no es suficiente, aunque parezca que sí. Aprender a querer más y mejor a tu pareja implica entender que así como puedes aprender a relacionarte mejor cada día contigo mismo(a) fomentando y potenciando tu autoestima, también puedes amar mejor y juntos, como pareja, avanzar a una relación más estrecha y más seria con visión futura. Aprende a querer más y mejor a tu pareja, poniendo en práctica la **generosidad**, la creatividad, la ilusión por seguir conociendo al otro. Por otra parte, intenta evitar cometer los mismos errores que ya cometiste en pasadas relaciones y serás una persona más sabia y con un grado más elevado de inteligencia emocional.

Cabe destacar que NO todas las relaciones son iguales, sencillamente porque todos no somos iguales. Habrá diferentes conflictos, problemas de toda índole y también puede que no haya ninguno. Todo depende de las dos personas y lo que traigan consigo a la relación.

Y NO MENOS IMPORTANTE, ES SABER QUE ESTÁS CON QUIÉN REALMENTE QUIERES ESTAR Y NO PUEDES ESTAR CAMBIANDO DE PAREJA COMO CAMBIAMOS DE ROPA INTERIOR O UN JUGUETE. Tienes que ser coherente y dar signos de una persona madura que sabe qué quiere, qué espera y qué aporta a la relación.

Un noviazgo firme pero, sobre todo, fundamentado en los principios establecidos por Dios, es exactamente lo que toda jovencita o chico ha soñado realizar en su vida.

Toda esta etapa de enamoramiento, química, atracción, Etc son mágicas las cuales nos acercan a lo bello de amar y ser amado, pero también nos pueden alejar de Dios si los llevamos sin control. Debes tener un noviazgo al modo de Dios. Si aprendes a esperar en Dios, Él te dará esa persona especial. Vive el noviazgo que Dios desea y tendrás el matrimonio que deseas, pero sobre todo, Dios desea.

EL noviazgo es vivir y dar. Es el diario crecimiento en la voluntad de Dios para tu vida y saber que Dios no une personas sino que une PROPÓSITOS.

Es maravilloso encontrar a la persona con la que quieres compartir cada momento especial, dificil e importante de tu vida

Comparte si estás casad@

Relación de esposos

En Génesis 2:24 la Biblia nos menciona claramente lo que es un verdadero matrimonio. Pero, enfoquémonos en el término *"una sola carne"*.

¿QUÉ ES EL MATRIMONIO?
Es la unión de dos personas, mediante ritos o formalidades legales y religiosas, que es reconocido luego como institución de una familia.

Hoy día estamos viendo como los matrimonios van a un rumbo equivocado, de tristezas y roturas. Usualmente, una persona cuando decide casarse, lo hace pensando: Esta es la persona de mi vida y tendré un matrimonio perfecto. Y, le resulta todo lo contrario.

Lamento mucho decirle que el matrimonio perfecto **NO EXISTE**, pero podemos aplicar ciertos métodos importantes para tener una relación satisfactoria, donde tu pareja no sienta el vacío que sienten la mayor parte de personas casadas hoy día, simplemente porque el problema está en que la otra parte *NO TIENE NI LA MENOR IDEA DE QUÉ ES EN REALIDAD UN MATRIMONIO*, sea el esposo o la esposa.

Los mejores matrimonios están hechos de un trabajo en equipo, por eso se le llama pareja. El concepto de pareja es *ELEMENTO QUE FORMA PARTE DE UN CONJUNTO.* Definitivamente, cuando algo no anda bien en el matrimonio uno de los dos está haciendo lo que no debe y, en este caso, no me refiero a infidelidad sino a que sus acciones están contribuyendo pero a alejar a su pareja cada vez más.

Proverbios 12:4 habla claramente de la clase de mujer que no edifica su casa y, por ende, su matrimonio. Siempre las mujeres nos preparamos para ser buenas amas de casa, buenas madres, pero *EL SER BUENA ESPOSA* es un ejercicio diario y no toda mujer está preparada para complacer y satisfacer a su marido como la ayuda idónea para la cual fue creada.

Y, no se sientan mal mujeres, que para ellos también hay...
Los hombres se disponen a enamorar a su chica con detalles, halagos, Etc. Cosas que a nosotras nos encanta (hay que ser sinceros). Pero, prácticamente la misma monotonía y la misma mujer (ojo), hace que al esposo se le olvide o, más bien, no le interese seguirla enamorando. Cosa que no es buena, porque debe saber que enamorarse mutuamente, todo el tiempo, es una clave para un buen matrimonio.

También, muchos hombres, se preparan para mantener su casa, para que a su familia no le falte nada. Pero no se preparan para seguir siendo el mismo príncipe del cual su novia se enamoró.

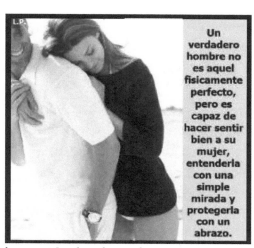

Un verdadero hombre no es aquel fisicamente perfecto, pero es capaz de hacer sentir bien a su mujer, entenderla con una simple mirada y protegerla con un abrazo.

Los matrimonios están hechos de respeto mutuo, admiración, interminables dosis de amor y gratitudes. La suma de pequeños esfuerzos centrados en demostrar apreciación *TODOS LOS DÍAS.*

Hay dos realidades en una relación de pareja, la que los demás ven y la que la pareja conoce. En realidad, vemos parejas disfuncionales, dentro de tormentas maritales, pero juzgamos sin saber cual es la raíz de ese problema. Y vemos parejas felices ante la sociedad, aparentemente muy estables, pero realmente es un caos tras bastidores, una inmensa apariencia nada más.

USTED, NO HIZO SOLO UN PACTO, HIZO UNA PROMESA DE AMOR ETERNO. Pero, no solo promesas, sino acciones que conlleven a que esa promesa sea tangible y disfrutable.

Una verdadera relación de pareja debe tener resoluciones para mantenerse y para ser precisamente lo que esperan y desean ser, teniendo en cuenta que es un trabajo de dos.

1. **Perdonar y olvidar.** Como en toda relación, el perdón es la clave para el éxito, sobre todo en los matrimonios donde la convivencia está a flor de piel y, como dicen en República Dominicana: "hasta los dientes chocan". Es por eso que en una relación de esposos, dentro del manejo de los problemas, se debe aprender tanto a perdonar como a pedir perdón, porque el poder del perdón alimenta tu relación.

El orgullo a separado mas amores
que la misma infidelidad

2. **Pasar juntos tiempo de calidad.** ¿Hoy día? Me preguntarás. Pero, ¡mira como andamos hoy día! Todo de manera rápida: trabajo, estudio, quehaceres, en fin, todo.

Pero la biblia dice que hay tiempo para todo. Y la falta de sacar tiempo puede afectar gravemente la relación, hasta la vida sexual de pareja, porque se pierde totalmente el interés en el otro hasta en la intimidad.

3. *Priorizar a tu cónyuge.* Lo primero es lo primero, y si usted decidió compartir la vida con una persona, pues esa persona es lo primero. Usted no puede (o por lo menos no debería) tener pareja y ponerla en segundo plano. No darle la debida importancia. Usted, lo único que estaría haciendo con esa actitud es descalificando de su vida a su pareja. Estaría permitiendo que otras cosas absorban el espacio de su pareja en su vida y el cónyuge lo puede notar fácilmente. No se puede comparar amor de hijos, amigos o padres con el amor de pareja. Recuerda, la Biblia dice que se unirán y serán uno solo. No pueden las piernas andar sin cabeza o la cabeza sin los pies.

4. ***Buscar a Dios juntos***. Esto está claro, si usted no deja que Dios sea el centro y guía de su matrimonio, si juntos no permiten que él entre en su matrimonio y unidos buscar apoyo en Dios para mantener su relación y no se apoyan en su fe, lamentablemente serán un fracaso como relación.

5. ***Trabajar hacia la resolución de conflictos***. Esto no significa de que hay un problema y decimos: Lo resolvemos después o que se resuelva SOLO. Deben esforzarse por resolverlos antes que se vuelvan más grandes e incontrolables. Resolver un conflicto a tiempo sería la salvación de su relación.

Es increíble como alguien puede romper tu corazón, y sin embargo sigues amándole con cada uno de los pedacitos.

www.CosasParaTuMuro.com

6. ***Hacerse partícipe de sus metas***. Todos, como seres humanos, tenemos necesidades y nos fijamos metas. Y no hay cosa mas desagradable que no sentirte apoyado(a) en algo por aquella persona que vive contigo y comparte su vida contigo, o sea, tu cónyuge.

Házte partícipe de la meta de tu pareja, aunque sus metas sean diferentes a las tuyas o no sea lo que tú piensas que se pueda lograr. Recuerda que las metas en el matrimonio, en realidad son de dos. Tu pareja necesita apoyo para que sus metas dejen de ser personales y se conviertan en objetivos para lograrlos juntos y, poder así, disfrutar la recompensa juntos y planear nuevas metas.

7. *Comunicación*. La comunicación es igual que el amor. Es aquello que impulsa una relación a seguir. Hay que tener en cuenta que cuando comunicamos algo al otro, este no podría reaccionar como esperamos. Esto se debe a experiencias vividas pasadas, valores, creencias, Etc.
Saber y aprender a comunicarnos con nuestra pareja es vital para todo lo que tiene que ver con una exitosa relación. Si estamos enojados, debemos aprender a controlarnos y saber que el enojo no producirá una buena comunicación. Debemos saber expresarnos de manera adecuada, con el respeto siempre en el centro. Los problemas vienen cuando no sabemos escuchar. No solo oir, sino poner interés en lo expresado. Y se torna un gran problema cuando sintimos temor a iniciar un conflicto al hablar y, por ende, nos quedamos callados.

8. *Mantener viva la pasión*. Si di a entender antes que una relación es de dos, pues aquí se pone más fuerte porque la pasión tiene que ser de dos. La pasión es el gran interés y emoción intensa de tener algo o alguien. La misma, al igual que el amor, atraviesa por varias etapas (¡este tema me apasiona!) seguimos.

Las etapas de altas y bajas, y las mismas cosas habituales son responsables de que la pasión mengue o se deteriore. Pero, lo que debemos saber es que donde no hay pasión no hay vida. Mantener la pasión no es tan difícil como muchos creen.

La clave es conocer a tu pareja, lo que le gusta de ti, lo que le enloquece y, sobre todo, conocer tu mismo(a) tus encantos que enciendan la pasión en tu pareja, y ¡listo! Solo cuestión de poner a volar las ideas y tu imaginación para que esas cualidades tuyas (que nadie más tiene), siempre sean el motivo de una vida sexual satisfactoria en tu relación conyugal. El sexo, es un acto de amor extraordinario, y cuando usamos la inteligencia, mezclada con amor y disposición, se logran grandes cosas en tu alcoba u otros lugares, ¿verdad que sí? Hay que tener bien claro lo siguiente: *EL REFUGIO SEXUAL DE TU PAREJA DEBES SER TÚ*. Exploren juntos lo que aún no conocen el uno del otro. Coquetea más con tu pareja, hablen de sexo, siiiiiiiiii háblenlo sin tabús, es la única forma obtener y mantener la pasión.

El amor perfecto no llega ...
se construye

9. ***Respetar***. Cuando hablamos de respeto, son muchas cosas que abarca esta palabra, todo en la vida tiene límites, sobre todo cuando compartes tu vida con alguien. El hecho de que seas pareja de alguien no te da derecho a querer invadir su privacidad y vida propia. Simplemente, no es tu propiedad. Además, hay ciertas cosas y acciones que demuestran a tu pareja y otros, que no existe respeto entre ustedes como pareja. Efesios 5:33 muestra la importancia del respetuo mutuo entre pareja, si quieres tener una relación duradera, el **RESPETO** debe ser la *BASE*.

10. ***Saber ser pareja***. El problema no es ser la pareja perfecta, sino perfeccionar cada día tu decisión de hacer feliz y complementar a tu pareja. Ser una buena pareja, donde tu cónyuge se sienta bien de estar a tu lado es un trabajo arduo. Quitando y poniendo, mejorando y cambiando cosas que influyen para una relación más sana y feliz. Tú eres un regalo de Dios para esa persona que decidió caminar contigo de su lado. Debes transmitir tu amor y deseos de hacerle feliz cada día a tu cónyuge. La confianza de ambos de que están unidos para hacerse mutuamente felices. Deben ser fiel a esa promesa de unión, porque cuando eres fiel, para ti mismo(a) será un placer. Tu pareja debe sentir que lo que tanto esperó y buscó, simplemente eres ¡TÚ! Tenemos que ser lo suficientemente tolerantes como para sanar cualquier diferencia, saber que se puede contar contigo para luchar contra cualquier adversidad o prueba. No creo que exista otro mejor apoyo que el de tu pareja. Muchos detalles que, en la misma convivencia, te vas dando cuenta cuáles deben quedarse y cuáles cambiar para tener una relación exitosa.

¿Qué mantiene a una relación unida?

Todas las parejas sufren altibajos pero ¿qué es lo realmente importante? ¿Qué aspectos condenan a una relación al fracaso? Los investigadores británicos llegaron a las siguientes conclusiones sobre qué es aquello que apreciamos más en una relación y cuáles son las cosas que funcionan para mantener a una pareja unida. Y son mucho más importantes que la frecuencia con que hacemos el amor.

1. **Decir "gracias"** y tener gestos positivos fueron comportamientos muy apreciados por todos los participantes. Reconocer el tiempo y el esfuerzo que se requiere para completar las tareas cotidianas, del día a día, que garantizan el buen funcionamiento de un hogar fue algo también muy valorado.
2. La necesidad de tener una **buena comunicación** fue identificado como algo importante por todos los participantes. Las conversaciones, fueron valoradas como una forma de mantenerse en contacto y aliviar el estrés y la tensión cotidiana.

Los participantes mostraron decepción cuando no se compartían las experiencias cotidianas y las discusiones (sobre todo las que versaban sobre asuntos financieros) fueron señaladas como el peor aspecto de una relación.

3. Los regalos sorpresa y los pequeños actos de **generosidad** se valoran muy positivamente. Ejemplo: hacer una taza de café a tu pareja. Los ramos de flores o las cajas de bombones se veían como menos importantes que la reflexión detrás del gesto.

Decir "te quiero" (te amo) aparecía como el mayor símbolo de la salud de una pareja, pues proporcionaba a los individuos una reafirmación de su amor

4. Compartir las **tareas del hogar** y las responsabilidades familiares es visto por las madres como una muestra de afecto particularmente importante. Todos los participantes valoraron también el tiempo y la energía que se emplea en cocinar.

5. Todos los participantes mostraron lo importante que son las muestras explícitas e implícitas de amor. **Decir "te quiero"** aparecía como el mayor símbolo de la salud de una pareja, pues proporcionaba a los individuos una reafirmación de su amor.

6. **Compartir** valores, creencias, gustos, ambiciones e intereses con tu pareja es algo muy apreciado. Tener cosas en común parece clave en la relación de pareja.

7. El **humor compartido** (reír juntos) fue el aspecto positivo de estar en una relación más valorado por los participantes.

En el pasado, los matrimonios eran concebidos más como un **contrato social** que como un vínculo amoroso. Esto era en muchos sentidos una **tragedia** pero, por otro lado, todo el mundo tenía claro que no tenía por qué estar enamorado para siempre de su pareja.

Hoy el discurso ha dado la vuelta por completo y parece que una relación no puede llegar a buen puerto si no se construye desde la **pasión desenfrenada**.
Se trata de una idea errónea que causa muchísimo dolor, pues es casi imposible que el amor romántico sobreviva en el tiempo.

La única forma de construir relaciones duraderas, según psicólogos como **John Bradshaw,** reside en saber superar esta transición del romance al compañerismo, creando un amor duradero, y superando lo que se conoce como **Síndrome de Estrés Postromántico**, algo que requiere de esfuerzo y trabajo de ambas partes de manera diaria y constante.

DEBEMOS PLANIFICARNOS Y CONVENCERNOS DE QUE EL MUNDO Y NOSOTROS MISMOS NECESITAMOS MÁS HOGARES Y MENOS CASAS. Tener una relación de paz donde tú brindes a tu pareja lo que no existe allá fuera, donde prefiera estar en su hogar en vez del trabajo. Donde no se sienta ahogado(a) sino complacido(a) con la persona que tiene a su lado y eso mismo le motive a luchar por estar a tu lado y tener una relación feliz y sobre todo ***AL MODO DE DIOS.***

Relación de padres e hijos (esto incluye madres e hijas)

En este capítulo queremos abordar, brevemente, sobre la relación de padres e hijos(as). Y cuando hablamos de padres incluímos a mamá y papá. Y empezaremos compartiendo lo que nos dice Salmos 127:3 "He aquí, herencia de Jehová son los hijos; cosa de estima el fruto del vientre".

Al leer ese pasaje bíblico nos damos cuenta de que la llegada de nuestros hijos a nuestra vida es obra y gracia de Dios.

De hecho, Su deseo desde un principio fue el de ver a la primera pareja humana procrear y, eventualmente, criar hijos. Leamos Génesis 1: 27-28 "Y los bendijo Dios, y les dijo: Fructificad y multiplicaos; llenad la tierra, y sojuzgadla, y señoread en los peces del mar, en las aves de los cielos, y en todas las bestias que se mueven sobre la tierra". En ese pasaje del primer libro de la Biblia nos damos cuenta que la naturaleza misma de Dios es de ser productivo y fructífero, de lo contrario nunca le hubiera dado semejante orden a Adán y Eva, ni mucho menos los hubiera creado con el dote de poder reproducirse. Lo que me lleva a tocar, lo siguiente, brevemente; ningún hombre con hombre y ninguna mujer con mujer pueden cumplir con ese mandato y, a la vez, derecho instituído por Dios desde un principio.

Para lograr eso, de procrear y reproducirse, se requiere de un cuerpo con órgano reproductivo masculino y otro femenino. Se necesita la combinación de espermatozoides y óvulos para que se de la creación de un ser viviente dentro del útero y vientre de una mujer naturalmente.

"Hijos, obedeced en el Señor a vuestros padres, porque esto es justo. Honra a tu padre y a tu madre, que es el primer mandamiento con promesa; para que te vaya bien, y seas de larga vida sobre la tierra. Y vosotros, padres, no provoquéis a ira a vuestros hijos, sino criadlos en disciplina y amonestación del Señor."

Efesios 6: 1-4

Ahora bien, continuemos desarrollando este capítulo. Se supone que nuestros hijos deben llegar a nosotros dentro del marco del matrimonio para formar, entonces, parte del seno familiar. Eso significa, dos cosas. Primero, nuestro matrimonio no es resultado de nuestros hijos, sino que nuestros hijos son resultado de nuestro matrimonio. Cuando entendamos eso y pongamos a Dios como centro de nuestro hogar y PRIMERO en nuestra vida (individual) tendremos claro, entonces, el orden de prioridad según Dios.

Por ende, el orden de prioridad debe ser, empezando por Dios en primer lugar, nuestro cónyugue (esposo(a) segundo lugar y nuestros hijos tercer lugar. Todo lo y los demás después. Y por otro lado, y segundo que significa es que nuestros hijos deben ser fruto latente del amor que los cónyuges (ahora padres) se tienen el uno al otro y su deseo en agradar su Creador Dios.

Es decir, nunca nuestros hijos deberían verse como accidentes o embarazos no deseados. Por ello es tan importante e indispensable, sin caer en religiosidad, de que Dios nuestro creador y autor de la familia sea el primero y el centro de nuestro hogar.

Tal como lo dice la primera parte de *Salmos 127:1 "Si Jehová no edificare la casa, en vano trabajan los que la edifican..."* Aquí el salmista no se refiere a la edificación de una casa de elementos inertes o tangibles, sino a la formación de un hogar. Hoy por hoy escuchamos personas decir: Voy a comprar o adquirir un hogar, o construir un hogar, cuando en realidad se refieren a una casa. Sin embargo, la formación de un hogar y para que subsista se requiere de Dios mismo. Desafortunadamente, muchas familias hoy se han desmoronado y otras siguen desmoronándose debido a que no han incluído a Dios ni mucho menos lo han hecho centro de su hogar.

Podemos entender que a veces, como seres humanos, cometemos errores y nos vemos envueltos en relaciones maritales que, desde un principio, no fueron parte de la voluntad perfecta de Dios y, como resultado final, terminan en separación o divorcio.

En esos casos, los que más sufren por la rotura son los hijos producto de esa relación. Dudo mucho, y lo digo por experiencia propia, que como padre (madre) eso sea lo que realmente queremos para nuestros hijos.

Primero que nada, ellos no pidieron venir a este mundo y segundo no son culpables de las malas decisiones que nosotros, como adultos hemos tomado y que repercuten en dolor para las partes involucradas. De ahí la gran importancia de buscar sincera y diligentemente cual sea la voluntad de Dios para con nosotros en la escogencia de aquella persona que deseamos que sea nuestro(a) acompañante de por vida para crear feliz y eficientemente a nuestros hijos juntos.

Si el matrimonio no es sólido tampoco el hogar (o familia) lo será; y lo peor es que nuestros hijos no solo lleguen a resentirse con nosotros sino que también es probable que se repita la misma historia de vida y patrón de conducta en la vida de ellos con sus parejas.

Está comprobado que en la mayoría de casos de hogares "disfuncionales", se repite con los hijos en sus relaciones subsecuentes. A eso se le llama (en el mundo espiritual) maldición generacional y para aquellos de nosotros que deseamos lo mejor para nuestros hijos se trata de algo muy serio y lo cual no podemos ni debemos ignorar. La maldición generacional se puede dar y manifestar en múltiples maneras incluídas pero no limitadas a: Divorcios, abusos, adicciones, violaciones, Etc.

Cuando logramos detectar que uno o más de esos razgos o manifestaciones antes mencionadas son evidentes en nuestro hogar o, mejor aún si lo notamos en el hogar de nuestros padres, podemos buscar la ayuda necesaria y procurar dar los pasos pertinentes para, en lo que nos competa, evitar que nos ocurra. Tristemente, muchos hemos visto como algunos hijos han caído presas de la violencia y la delincuencia que, en su gran mayoría son resultado de la desintegración familiar. Lo que nos lleva a la gran pregunta ¿qué podemos o debemos hacer para que nuestros hijos puedan librarse de esa violencia? La respuesta es: Creando o, más bien, trabajando en fortalecer nuestra familia u hogar, ya que al tener familias fortalecidas también tendremos sociedades fortalecidas.

Entonces, ¿cómo trabajamos en pro de fortalecer nuestras familias u hogares? Lo primero que debemos tener siempre claro y quiero ser bien claro en esto, NO soy ni me considero religioso ya que, desafortunadamente, demasiados religiosos se encuentran más perdidos que el mismo diablo y sus hogares más disfuncionales que muchas familias de "reality shows".

Dicho esto, procederé a decir, como mencioné al principio de este capítulo, "si Jehová NO edificare la casa, en vano trabajan los que la edifican" (Salmos 127:1). Cuando hablamos de casa en este pasaje el autor se refiere a HOGAR o núcleo familiar, no a la estructura misma hecha de manos.

Por ende, edificar nuestro hogar, de manera correcta, depende y siempre dependerá de la presencia activa del autor mismo de la familia: Jehová Dios. Sin la presencia de Jehová en nuestro hogar, sin Su dirección, protección, repaldo y ayuda, jamás tendremos una familia sólida ni saludable.

 Cosas que podemos y debemos hacer para lograr familias y/u hogares bien edificados pueden incluir (pero no se limitan a) estos:

Sacar tiempo para realizar Altar familiar, por lo menos una vez a la semana, o sea, por lo menos 4 veces al mes.

Y fíjese que dije "sacar" porque muchos tienden a decir: es que no tuve o no tengo tiempo para esto o aquello…

Y, ¿en qué consiste el altar familiar? Para los que no lo saben, el altar familiar es un tiempo separado para que juntos (esposos, padres, hijos, Etc) puedan dedicar tiempo de calidad (entre 1 a 2 horas por lo menos) para orar, leer y estudiar la Biblia, tener una dinámica de interacción referente a puntos de gran interés contenidos en la Palabra de Dios para edificación y crecimiento de cada componente del hogar.

Mientras más a menudo se realice el altar familiar más ligados a Dios los miembros del hogar estarán a Dios y su vida espiritual será cada vez más fortalecida y nutrida para edificar a otros tanto de la familia extendida como también a personas ajenas a la familia. De lo contrario, habrá mucha decadencia, flaqueza espiritual y será más fácil para el enemigo entrar y crear división y contienda en el seno familiar.

Por lo que, es importante, NO darle cabida ni entrada al diablo por ningún motivo en nuestras vidas y, por consiguiente, nuestro hogar.

Otra manera de edificar de manera eficiente nuestro hogar es también sacando tiempo para salir en familia (o como pareja si es que aún no tienen hijos o si sus hijos ya se han ido del hogar). Si logran hacer esto al menos una vez al mes (entendiendo que por los compromisos y responsabilidades cotidianas puede ser difícil hacerlo más a menudo) verán grandiosos resultados, siempre y cuando esta salida sea de calidad de inversión. Y cuando hablo de inversión, no me refiero solo al factor dinero, sino también al factor tiempo e interés. Si hay calidad en todos esos aspectos (dinero, tiempo e interés) durante la salida conyugal o familiar cada mes, podremos ver excelentes resultados y más fortalecida nuestra relación, en este caso y capítulo: De padres e hijos.

En estas salidas, sería bueno preguntar a los hijos ¿qué les gustaría hacer o a donde les gustaría ir para compartir con ellos en familia? Y, al saber esto, con tiempo anticipado, prepararnos debidamente en cuanto a presupuesto y tiempo para lograr esa salida. Siempre trate de ser realista y que sus hijos también lo sean en cuanto a sus expectativas del lugar y/o amenidades propias de lo que ha de ser parte de esa salida y tiempo familiar que desean tener de acuerdo a su presupuesto y disponibilidad de tiempo.

- Por otro lado, es importante hablarle a nuestros hijos con palabras que les edifiquen y motiven. Muchas veces, como padres, tendemos a ver y resaltar lo negativo de nuestros hijos en lugar de lo positivo, un terrible error que también se da, muchas veces, entre esposos y termina siendo lo mismo de parte de los padres hacia los hijos. Esto necesitamos cambiarlo si realmente deseamos ver mejores resultados en la relación con nuestros hijos. Empiece, si aún no ha empezado, a darle ánimo y estímulo a su hijo(a) cada vez que vea que desea hacer algo que realmente es para su bien y progreso. Motívelo(a) a seguir sus sueños y sus metas educativas y/o empresariales, siempre y cuando, estas estén guiadas por Dios y dentro de Su perfecta voluntad la cual, tanto ellos como nosotros, podemos darnos cuenta cuando pasamos tiempo de calidad en oración buscando la dirección de Dios para cada paso que necesitamos dar en nuestro diario vivir.

Procure ir viendo de manera cuidadosa y minuciosa, cuales son las áreas fuertes de su hijo(a) y ayúdele a desarrollar esas fortalezas para ser eficiente en su vida. Recuerde que la Palabra de Dios nos dice en Proverbios 22:6 "Instruye al niño en su camino (en otra versión dice: en el camino correcto), y aun en su vejez no lo abandonará".

De manera curiosa les puedo decir que desde muy joven, desde que tenía unos siete u ocho años de edad ya tenía una inclinación a la radiodifusión y al escuchar a mi madre todos los domingos durante un programa radial del cual ella era presentadora y el tener una emisora en la parte superior del edificio donde vivía, eran de mis más grandes motivaciones en mi sueño por ser comunicador.

Y, miren, por la gracia de Dios llevo más de 27 años como comunicador y sigo compartiendo las grandezas de Dios mediante todos los medios de comunicación disponibles. Y, mi hijo mayor, John David Belgrave, también ha tomado esa misma ruta y carrera profesional en las comunicaciones, lo cual es una gran bendición a pesar de las dificultades que hemos tenido en nuestra relación de padre e hijo.

Como padre que soy me he dado cuenta de muchas cosas, de las cuales puedo y voy a mencionar solo dos en este libro. Primero, uno como padre (madre) no podrá estar velando o cuidando a nuestros hijos 24/7. Sin embargo, hay uno que si puede verlos y cuidarlos 24/7 y ese es Dios. Por ello la importancia de que Dios sea el centro del hogar, ya que al poner a Dios como centro lograremos inculcar en nuetros hijos valores propios de hijos de Dios, pero sobre todo, le inculcaremos el temor reverente a Dios que los mantendrá ecuánimes ante situaciones que pondrán a prueba su carácter e integridad ante las distintas situaciones de la vida.

¿Cómo lograremos formar a nuestros hijos de esa manera? Pues, primero que nada, siendo modelos y vivo ejemplo de padres temerosos de Dios y obedientes a Su palabra. Al ejemplificar ese estilo de vida, nuestros hijos (de la manera que yo hice al modelar a mi madre) nos modelarán e imitarán a nosotros. Y aquí quiero ser claro y enfático de que no es cuestión de apegarse a "una religión" sino a una ***RELACIÓN*** que es el tema central de este libro.

¡Hoy por hoy muchos tienen y siguen una práctica religiosa y tradicional, pero no tienen una relación con aquel al cual, supuestamente veneran o adoran! Y ese error es el que quiero que usted evite a toda costa.

Tómese un tiempo de calidad para leer la Biblia junto a sus hijos, a orar con ellos y por ellos; y acudir a los servicios de formación y edificación en su respectivo lugar de adoración (iglesia) tal como mencioné anteriormente. Algunos dirán, ¿acaso es necesario todo eso e ir a una iglesia? Y mi respuesta es ¡sí! De no ser así, tampoco fuera necesario que nosotros o nuestros hijos fueran a una institución educativa, laboral o social para formación ni superación en áreas de conocimiento o financiera.

Si deseamos crecer espiritualmente entonces necesitamos asociarnos con aquellas personas que nos pueden guiar en ese proceso y, a la vez, hacer cosas propiamente necesarias para ese crecimiento espiritual.

Lo segundo que quiero mencionar, tal como dije que haría, en cuanto a cosas que he notado como padre es que a nuestros hijos podemos dañarlos en cuanto a su ánimo y personalidad a través de palabras que transmitimos directa o indirectamente a sus vidas cuando de manera negativa ya sea el padre o la madre habla el uno del otro a sus hijos. Esta práctica errónea causa trastornos que marcan la vida de nuestros hijos y que toma mucho para sanar.

Mi consejo, entonces, para aquellos padres que se encuentran separados o divorciados es que, por más difícil que les parezca, procuren no hablar de manera negativa acerca del padre o la madre de su hijo(a) lo cual, a su vez, hace que ese(a) hijo(a) llegue a ser rebelde y faltarle el respeto a su padre o madre eventualmente. Aquí es sumamente necesario pedirle a Dios que nos sane de toda herida y/o resentimiento que se haya albergado a causa de una relación marital deteriorada y descuidada.

El proceso de sanidad interior es indispensable para que, a su vez, nuestros hijos también puedan tener armonía y superar posibles traumas producto de la rotura del hogar.

Por otro lado, si tu relación marital está fuerte y se aman mucho, eso está bien, pero no descuiden ni por un momento el hecho de que sus hijos puedan tener influencias negativas de afuera, a través de compañeros de colegio o vecindad.

De ahí la importancia de sacar tiempo de calidad ya sea fines de semana o entre semana para platicar con ellos o salir a hacer cosas que les permitan salir de la rutina y poder tener esa conexión que es tan vital con nuestros hijos, especialmente en su etapa de crecimiento (niñez y adolescencia) tal como mencioné con anterioridad.

Finalizo esto capítulo diciendo lo siguiente, si no tenemos tiempo para invertir en mejoras con la relación padres e hijos, nos veremos en la necesidad de buscar sanidad por la rotura de esa relación, y se lo digo por experiencia propia.

Por ende, pidámosle a Dios la sabiduría necesaria para tomar las decisiones vitales y dar los pasos indispensables para cambios sumamente importantes dentro de este marco de relación padres e hijos. Si no puede o no se siente capaz de lograrlo solo(a), entonces, busque la ayuda de personas capacitadas y/o profesionales que cuenten también con la unción de Dios para ayudarle a lograr esto.

Relación de patronos y súbditos

En este capítulo estaremos abordando y trataremos de desarrollar lo más posible, una de las relaciones de mayor trascendia dentro de nuestra sociedad luego de la familiar y, me atrevería a decir que, hasta más trascendental que la relación de amistades ya que de esta, mayormente, dependen muchos para subsistir de manera económica y sostener a su hogar.

DE LA RELACIÓN DE TRABAJO

- **Presunción de existencia de la Relación de Trabajo.**
  Se presumirá la existencia de una relación de trabajo entre quien preste un servicio personal y quien lo reciba.

- **Definición de Patrono.**
  Se entiende por patrono o patrona, toda persona natural o jurídica que tenga bajo su dependencia a uno o más trabajadores o trabajadoras, en virtud de una relación laboral en el proceso social de trabajo.

GT&A   Gimon Troconis & Asociados
                        Abogados

Cuando un empleador contrata a un nuevo empleado, no sólo se trata de traer un nuevo miembro al centro de trabajo, también está empezando una nueva relación. Como los empleadores y los empleados a menudo trabajan en cuartos cercanos, necesariamente desarrollan relaciones.

La gestión de estas relaciones es vital para el éxito empresarial, ya que las fuertes relaciones pueden llevar a una mayor felicidad del empleado y a aumentar la productividad. Para obtener estos beneficios, debes tener en mente la dinámica de la relación entre el empleador y el trabajador.

Fundamentos sobre la relación

Por lo general, las relaciones entre el empleador y el empleado deben ser mutuamente respetuosas. El grado de cercanía en estas relaciones dependerá tanto del empleador como del empleado. Algunos empleadores optan por mantener a sus empleados a distancia y, al hacerlo, se aseguran de que no haya confusiones en cuanto a la jerarquía que existe entre ellos. Otros, eligen ser más amigables con sus empleados, viendo esto como una manera de aumentar la felicidad del empleado. Aunque ninguna opción es totalmente correcta o incorrecta, es aconsejable evitar acercarse demasiado a los empleados, ya que el hacerlo puede hacer que la línea entre el empleador y el empleado se difumine.

Confianza mutua

La relación entre el empleador y el empleado debe ser de mutua confianza. El empleador está confiando en el empleado para realizar su trabajo y, al hacerlo, mantener el negocio funcionando sin problemas. Por el contrario, el empleado está confiando en que el empleador le pague y le apoye económicamente tanto a él como a su familia.

Aumentar la relación

Al igual que en todas las relaciones, la relación entre el empleador y el empleado es la que debe desarrollarse con el tiempo. Los empleadores pueden promover la construcción de relaciones hablando abiertamente con sus empleados sobre sus vidas, preguntarle acerca de sus familias y aprender acerca de sus intereses.

Así mismo, los empleados pueden promover la construcción de esta relación al ser abiertos con su empleador y compartir información sobre sí mismos y sus vidas.

Límites

Aunque el tipo de relación entre el empleado y el empleador que se considera apropiado varía de una empresa a otra, los límites existen en casi todas las empresas. Por lo general, no es prudente que los empleadores desarrollen relaciones románticas con sus empleados.

Así mismo, los empleadores deben ejercer cuidado para asegurar que la relación que se desarrolla con un empleado no es notablemente más cercana que las relaciones que se desarrollan con otros empleados, ya que esto puede llevar a tener preocupaciones sobre el favoritismo o los problemas similares de injusticia en el lugar de trabajo.

1. Derechos y obligaciones de los patrones

Son obligaciones y derechos de los patrones:

· Cumplir con las disposiciones de las normas aplicables a sus empresas o establecimientos.

· Pagar a los trabajadores los salarios e indemnizaciones, de conformidad con las normas vigentes

· Proporcionar oportunamente a los trabajadores los instrumentos, útiles y materiales necesarios para la ejecución del trabajo debiendo darlos en buena calidad, en buen estado, y reponerlos tan pronto dejen de ser eficientes. Proporcionar local seguro para el resguardo de los instrumentos, útiles y materiales que pertenezcan a los trabajadores.

· Guardar a los trabajadores la debida consideración, absteniéndose de mal trato de palabra o de obra.

· Expedir cada 15 días, a solicitud de los trabajadores, una constancia escrita del número de días trabajados y del salario percibido.

· Expedir una carta de recomendación de los trabajadores a petición de ellos.

· Proporcionar capacitación y adiestramiento a los trabajadores.

· Cumplir con las disposiciones de seguridad e higiene que fijen las leyes y los reglamentos para prevenir los accidentes y enfermedades en los centros de trabajo y, en general en los lugares en donde se deba ejecutar el trabajo.

· Permitir la inspección y vigilancia que las autoridades del trabajo practiquen en su establecimiento para cerciorarse del cumplimiento de las normas de trabajo.

· Contribuir al fomento de las actividades culturales y del deporte entre sus trabajadores y proporcionales los equipos y útiles necesarios.

2. Prohibiciones de los patrones

Queda prohibido a los patrones:

· Negarse a aceptar trabajadores por razón de edad o de sexo.

· Exigir que los trabajadores compren sus artículos de consumo en tienda o en lugar determinado.

· Exigir o aceptar dinero de los trabajadores como gratificación para que se les admita en el trabajo o por cualquier otro motivo que se refiera a las condiciones de este.

· Obligar a los trabajadores por coacción o por cualquier otro medio, a afiliarse o retirarse del sindicato o agrupación a que pertenezcan, o que voten por determinada candidatura.

· Intervenir en cualquier forma en el régimen interno del sindicato.

· Ejecutar cualquier acto que restrinja a los trabajadores los derechos que les otorgan las leyes.

· Hacer propaganda política o religiosa dentro del establecimiento

· Presentarse en el establecimiento drogado o en estado de embriaguez.

3. Derechos y obligaciones de los trabajadores

Son obligaciones y derechos de los trabajadores:

· Cumplir con las disposiciones de las normas de trabajo que les sean aplicables.

· Observar las medidas preventivas e higiénicas que acuerden las autoridades competentes y las que indiquen los patrones para la seguridad y protección personal de los trabajadores.

· Desempeñar el servicio bajo la dirección del patrón o de su representante, a cuya autoridad estarán subordinados en todo lo concerniente al trabajo.

· Restituir al patrón los materiales no usados y conservar en buen estado los instrumentos y útiles que les haya dado para el trabajo, no siendo responsables por el deterioro que origine el uso de los objetos.

· Observar buenas costumbres durante el servicio.

4. Prohibiciones a los trabajadores

Queda prohibido a los trabajadores:

· Ejecutar cualquier acto que pueda poner en peligro su propia seguridad, la de sus compañeros de trabajo o de terceras personas, así como la de los establecimientos o lugares en que el trabajo se desempeñe.

· Faltar al trabajo sin causa justificada o sin permiso del patrón.

· Substraer de la empresa o establecimiento útiles de trabajo o materia prima elaborada.

· Presentarse al trabajo en estado de embriaguez o drogado.

· Portar armas de cualquier clase durante las horas de trabajo, salvo que la naturaleza de éste lo exija.

· Suspender las labores sin autorización del patrón.

· Hacer cualquier clase de propaganda en las horas de trabajo, dentro del establecimiento.

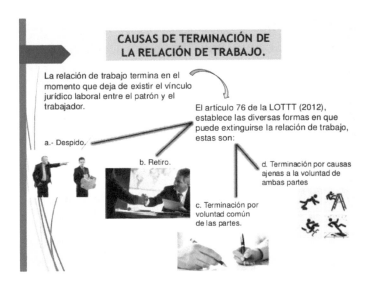

CAUSAS DE TERMINACIÓN DE LA RELACIÓN DE TRABAJO.

La relación de trabajo termina en el momento que deja de existir el vínculo jurídico laboral entre el patrón y el trabajador.

El artículo 76 de la LOTTT (2012), establece las diversas formas en que puede extinguirse la relación de trabajo, estas son:

a.- Despido,

b. Retiro.

c. Terminación por voluntad común de las partes.

d. Terminación por causas ajenas a la voluntad de ambas partes

Venimos de un mundo de pequeñas y medianas empresas donde la parte afectiva de la relación obrero patronal era muy importante. Esta situación ha sido vapuleada por el paso del tiempo. Los patrones se han vuelto más técnicos y menos expresivos, el acercamiento humano se reduce a intercambios esporádicos frente a las máquinas o en medio de los procesos de trabajo.

A la vez, el trabajador se ha refugiado en un reconcomio creciente por la pérdida del antiguo patrón que lo palmeaba en el hombro y por las engañosas promesas de una legislación laboral anti empresa.

El gobierno actual, radicaliza este despego, obsesionado por imponer la lucha de clases y estatizar. Niega el dialogo, entre trabajador y patrón, tornando el ambiente laboral en un campo de batalla feroz, sin treguas, con paros de planta y lluvias de denuncias ante las inspectorías del trabajo, actos que envilecen aún más la relación.

Esta conflictividad laboral ha contribuído a la pérdida en los últimos catorce años de 300 mil puestos de trabajo, producto de la desaparición del 40 por ciento de las industrias que existían en 1998, las once mil se han reducido a siete mil.

Sin embargo, investigaciones realizadas, en un universo superior a 20 mil trabajadores, muestran que en estos subsiste un fuerte sentimiento de amor a sus empresas, no extensivo al patrón, el cual es visto como una entidad distinta.

Una ambigua situación en la cual el trabajador quiere el mejor futuro para su empresa pero tiende a desconocer el papel insustituible del empresario. Percepción que reluce como expresión de mitos hoy muy cuestionados por el comprobado fracaso de las empresas donde se ha sustituído al patrón privado por el Estado. Veamos ambas posiciones:

Percepción de los trabajadores:

El único factor que produce es el esfuerzo operario. En este imaginario no figura la concepción del proyecto, el riesgo de invertir, el diseño técnico, los insumos, la administración, la calidad, la distribución, la posición en el mercado, las normativas laborales y la responsabilidad frente al consumidor.

El empresario no valora su trabajo, no reconoce su esfuerzo ni su persona, lo cual es siempre el ¨gran reclamo¨

Sí, el único que produce es el trabajador, cualquier otra participación en los beneficios es un simple robo. El Ministerio del Trabajo difunde la imagen de un empresario barrigón, fumador de tabaco, perezoso, que actúa como un ave de rapiña frente a los trabajadores.

Concibe la empresa como un mundo cerrado. No existe la inseguridad jurídica de la propiedad, desconocen los tres millones de hectáreas y las mil o más empresas estatizadas. Si el empresario no invierte, no renueva inventarios es porque quiere que el trabajador suelte el alma trabajando. No existe Cadivi, ni el control de cambios, ni las estatizaciones.

Los estados de ganancia y pérdida de la empresa carecen de existencia real, la empresa es indestructible, no creen en la posibilidad de quiebra, o en la carestía de recursos. La empresa es una banca abierta con recursos ilimitados. Lo único que cuenta es el patrono renuente a mejorar las cosas.

Percepción de los empresarios:

El trabajador es percibido como parte de su proceso técnico. Los componentes subjetivos de la relación laboral cuestan mucho en ser reconocidos, de allí el trato impersonal y la pobreza del intercambio personal.

No concibe que el trabajador carezca de cultura económica, que ignore el impacto de las políticas del gobierno, que actúen al margen de las nociones de productividad y competitividad como determinantes de sus beneficios.

No informa al trabajador sobre las amenazas externas, y con ello pierde sus aliados potenciales. Los trabajadores no saben porque se elimina un producto, se cambian la línea de producción, se reduce la producción, se les cambia de puesto o cualquier otra contingencia.

Para el trabajador la empresa es un mundo cerrado, mientras al empresario lo desvelan los problemas externos: El acoso jurídico y político, las trabas para obtener las divisas, la imposibilidad de exportar etc…

En esta confrontación entre percepciones nadie gana, perdemos todos, vemos con angustia alejarse el surgimiento de nuevas empresas y empresarios, las escasas oportunidades que hoy tienen los trabajadores de obtener ingresos que les permita superar la dependencia de subsidios extorsionadores.

No obstante, leemos en la palabra de Dios lo siguiente según la epístola de Pablo a los Efesios 6:5-9: "Siervos, obedeced a vuestros amos terrenales con temor y temblor, con sencillez de vuestro corazón, como a Cristo; no sirviendo al ojo, como los que quieren agradar a los hombres, sino como siervos de Cristo, de corazón haciendo la voluntad de Dios; sirviendo de buena voluntad, como al Señor y no a los hombres, sabiendo que el bien que cada uno hiciere, ése recibirá del Señor, sea siervo o sea libre. Y vosotros, amos, haced con ellos lo mismo, dejando las amenazas, sabiendo que el Señor de ellos y vuestro está en los cielos, y que para él no hay acepción de personas".

Pablo aquí le da directrices, entre los capítulos 5 y 6, a los Efesios acerca de cómo relacionarse entre esposos, padres e hijos, patronos y empleados. Y, en este párrafo, me enfocaré precisamente a lo que él habla sobre cómo debe ser dicha relación de "amos y siervos" (hoy día patronos y empleados). Pablo indica que los empleados deben realizar su trabajo con la debida sujeción a sus patronos, como si estuviesen trabajando para Cristo mismo.

Aquí se habla de temor, que no se trata de miedo sino de reverencia y respeto. Aún más, Pablo indica de que al hacer lo correcto como empleados, recibimos benevolencia y favor de Dios mismo por nuestra diligencia y conducta. Eso quiere decir, que si como empleados, realizamos nuestra labor con discreción y sentido de urgencia en lo que se amerita el mismo, veremos resultados de buena retribución para nosotros como empleados.

No debemos andar entremetidos en chismes, pleitos o la vida de otros, criticando a los patronos, ni maldiciendo a aquel o aquellos que nos han dado (como empleados) una oportunidad laboral, la cual nos sirve para dar provisión a nuestra familia. ¡Esa es la manera de Dios!

Por otro lado, le indica a los patronos que deben tratar a sus empleados de la misma forma, con respeto y buen tacto, dejando a un lado amenazas como en ese entonces y, tristemente, ahora se ve en muchas plazas de trabajo. Les es dicho también de que de la misma manera como ellos (patronos) son señor o autoridad sobre sus empleados, de la misma manera también Dios mismo es Señor sobre ambos, patrono y empleado. Y, por ende, ambos tendrán que dar cuenta por su proceder. Es evidente de que esta y toda relación que podamos tener, debe ser regida por la "regla de oro"que dice: "Todo lo que quieran que hagan con ustedes, háganlo también ustedes con ellos".

Los beneficios que se obtienen cuando practicamos la regla de oro son grandiosos y maravillosos. Me pongo a pensar lo bueno y bello que sería ver una excelente relación entre patrono y empleado, entendiendo ambos sus roles y responsabilidades, aún más siendo genuinos creyentes e hijos de Dios, redimidos por la sangre de Cristo. Esto es algo muy deseado por muchos, pero no pasará por osmosis, hay que trabajarlo a diario.

Hay que ser proactivos y no reactivos si, en verdad, queremos ver buenos resultados de avances en nuestras plazas laborales. Hablar de aquellas cosas que nos inquietan o nos parecen ser injustas, cosas que pueden ser obstáculos para nuestra tarea cotidiana, co-empleados que nos causan problemas, Etc. Al ser proactivos y presentar estas cosas, de la manera correcta, a nuestros superiores o viceversa, ¡podemos gozar de una excelente y gratificante relación de patrono y empleado por largo tiempo!

Ninguno debe buscar su propio bien,
sino el bien del otro
1 Corintios 10:24

Relación de líderes y discípulos (a nivel eclesiástico)

Otra, muy importante relación, es la de los líderes eclesiásticos y sus discípulos o miembros de su congregación. Hoy por hoy, existen muchas iglesias que son muy numerosas y gozan de mucha pomposidad y glamour. De multitudinarios eventos y actividades que son muy lucrativas y atractivas.

Pero, la pregunta del millón es: ¿cómo se encuentra la relación directa de sus líderes (empezando con los pastores) con sus discípulos o miembros eclesiásticos? De poco o nada sirve todas las actividades y eventos que se programan con tanto esmero todos los años, si la relación de líderes con sus discípulos no es buena ni mucho menos es una que va en desarrollo y asimilación del marco que encierra la visión y misión de dicha iglesia o ministerio.

Existen muchas mega iglesias en distintas partes del mundo, tanto en los EE.UU. como también en Centro y sur américa, el caribe, Europa, Asia y más. Pero, al hablar de esas iglesias ¿Cuántas de estas pueden decir con toda sinceridad que su relación de líderes y discípulos es muy buena y cada día mejor?

De ahí la necesidad de evaluarnos como líderes eclesiásticos y ver si nuestro enfoque es el correcto para no caer en actividades rutinarias o de aquellas que, muchas veces, hacemos solo porque 'otras iglesias' lo están haciendo y les va 'bien' a ellas.

Para poder abordar y desarrollar mejor, y de manera más efectiva, este capítulo tomaré a nuestro Señor Jesucristo junto a sus discípulos como nuestro ejemplo a seguir. Y veremos, así, cómo debe ser realmente este tipo de relación. Primero que nada podemos ver en la Palabra de Dios que Jesús escogió a hombres trabajadores, no escogió a vagos u ociosos. Todos tenían algún oficio o profesión al momento de ser llamados y escogidos por Dios; por lo que entendemos que todo aquel que inicia como discípulo lo hace ya con cierta ocupación previa para ser más eficiente en cuanto al servicio del Señor.

Jesús estuvo por aproximadamente 3 años y medio preparando y discipulando a doce hombres que conocieron, en primer plano, la deidad y divinidad de su maestro luego de ver los milagros y prodigios que realizó frente a sus ojos en numerosas ocasiones, y que retó a su fe de manera radical. A lo largo de su ministerio en esta tierra Jesús les enseñó a sus discípulos a brindar amor y suplir necesidades.

No fue solo predicar a los perdidos sino a demostrar que Dios es amor y proveedor, siendo ellos mismos agentes portadores de ese amor y provisión para las necesidades de cada uno que se atrevió a creerle a Dios.

El mejor ejemplo de líder y discípulos se encuentra en la persona de Jesús y sus 12 discípulos que fueron formados durante ese periodo de 3 años y medio. De manera típica, Jesús fue llamado Señor y Amo por tener a estos hombres a su servicio y bajo su dirección.

Pero llegó un tiempo en el que Jesús les dijo a sus discípulos: "Nadie tiene mayor amor que este, que uno ponga su vida por sus amigos. Vosotros sois mis amigos, si hacéis lo que yo os mando. Ya no os llamaré siervos, porque el siervo no sabe lo que hace su señor; pero os he llamado amigos, porque todas las cosas que oí de mi Padre, os las he dado a conocer. No me elegisteis vosotros a mí, sino que yo os elegí a vosotros, y os he puesto para que vayáis y llevéis fruto, y vuestro fruto permanezca; para que todo lo que pidieres al Padre en mi nombre, él os lo dé. Esto os mando: Que os améis unos a otros". Juan 15:13-17

Un verdadero líder logra ver a sus discípulos como amigos y no sus siervos, a pesar de que por su posición de liderazgo pudiera considerarse "amo" o jefe de ellos. Tristemente, muchos líderes eclesiásticos han caído en el grave error de mirar y tratar a sus discípulos como si fueran sus esclavos o, hasta, ¡su propiedad!

Jesús, les dijo claramente a sus discípulos que ya no los llamaría siervos sino que los llamaría amigos. Llega un momento en la vida entre líder y discípulos que le permite conectar en tal forma que hay confianza e intimidad la cual permite pasar de solo uno que sirve a uno que comparte. Y, ¿qué comparten? Comparten buenos y malos momentos, grandes misterios y secretos, alegrías y tristezas, Etc. Cuando Jesús dice que nadie tiene mayor amor que este, que uno ponga su vida por sus amigos, hablaba de él mismo y que, precisamente, eso es lo que haría no solo por ellos doce sino por toda la humanidad. No obstante, nos daba a nosotros una clara lección de verdadero liderazgo y amistad.

Algunos pastores y líderes de iglesias piensan erróneamente que el ministerio se dedica a la retención de las personas. "Hay que asegurarse de que lleguen cada día domingo. Hay que asegurarse de que sigan ofrendando. Tenemos que asegurarnos que sigan escuchando los mensajes. Por sobre todo, tenemos que asegurarnos que no se vayan a ninguna otra parte."

Como líderes, no estamos para retener a la gente. Estamos para seguirles en el proceso.

Cuando los conocemos por primera vez, algunos son como troncos en bruto, todavía en el bosque. O tal vez, están en el aserradero o en camino a la fábrica. Donde sea que los encontremos y como sea el estado en que los encontremos, nuestra función es traerlos, y con la ayuda de Dios, hacerlos plenamente cristianos. Tenemos que descubrir dónde se encuentran las personas en este proceso de madurez y ayudarles a avanzar.

Como líderes en la iglesia, tenemos poco control sobre quién aparece en nuestras iglesias. Sería agradable formar un "equipo de ensueño" de discípulos capaces, alegres, bien ajustados y dispuestos a hacer todo lo necesario para conformar sus vidas a las enseñanzas de Cristo y su iglesia, y dar el diezmo de sus ingresos.

Lo siento pero, no es así... a menos que tenga solamente tres personas en su congregación.

Consideremos a los apóstoles. Caminaron con Jesús durante tres años y medio. Lo vieron crucificado. Estuvieron dentro del sepulcro vacío. Aún así, cuando Jesús se les apareció después de su resurrección, a estos mismos hombres Jesús les ordenó "tocar y ver". ¿Por qué? Porque aún no creían. Sin embargo, ¡Jesús les dio la Iglesia a estos hombres!

Los pastores y líderes no tienen una selección anual como en los deportes profesionales.

El hecho de tener una temporada pésima no le otorga a la Primera Iglesia Bautista, por ejemplo, el derecho de primera elección de los mejores nuevos convertidos. Cuando todo se ha dicho y hecho, el Señor de la mies añade a nosotros los que se convierten... aquellos que él escoge.

Hijos espirituales

Los hijos espirituales son como los hijos naturales. Cada uno es una sorpresa. Cuando entran en una relación con Cristo, es como sostener un bebé recién nacido. Tú te regocijas en la nueva vida, pero poco después te das cuenta que alguien tiene que cambiar los pañales y alimentar al bebé. Alguien tiene que proteger al bebé. Cuidar a los bebés es difícil... pero criar a los niños es cuando comienza realmente el trabajo.

De la misma manera, ganar a personas para Cristo es emocionante, pero cultivarlos y amarlos para que lleguen a un estado de madurez cristiano es un trabajo difícil. Pero esto es lo que los líderes hacen.

Desdichadamente, todos los que vienen a Cristo vienen con todo tipo de equipaje emocional y espiritual. En algunos casos, tal equipaje hará sumamente difícil la obra de formación espiritual. Vienen enojados, confundidos y golpeados. Algunos han sido destrozados por las dificultades de la vida.

Mucha gente viene de trasfondos religiosos bastante nominales. Hasta pueden desconfiar de la iglesia. Pueden ser individualistas, arrogantes, y soberbios cuando entran por la puerta. Y esa es la materia bruta con la que trabajamos.

Además, como líderes tenemos lo que parece ser una meta inalcanzable. Describiendo su trabajo por la iglesia, el apóstol Pablo escribió: "...a quien anunciamos, amonestando a todo hombre, y enseñando a todo hombre en toda sabiduría, a fin de presentar perfecto en Cristo Jesús a todo hombre" Colosenses 1:28. Pablo, no estaba interesado en presentar a todos razonablemente bien en Cristo. He sido tentado, a veces, a desechar algunas personas. Pero Pablo se dirigió a la meta de presentar perfecto en Cristo a todos aquellos sobre quienes tuvo cualquier grado de influencia.

Pablo escribió que por este propósito trabajaba y se esforzaba. Pero su fuerza no era la de su propia voluntad, sino "la potencia de él (Jesús) la cual actúa poderosamente en mí", Colosenses 1:29. Como indicó a los Filipenses, "Todo lo puedo en Cristo que me fortalece", Filipenses 4:13. Cuando comiences a trabajar con algunas de las personas que el Señor te va a traer, requerirás de su fuerza.

Evaluando discípulos

¿Cómo evaluamos a los discípulos?

Primero, ellos demuestran compromiso mediante servicio. Están dispuestos a hacer cosas. Les ayudamos a entender que estamos llamados a poner nuestras vidas como acto de adoración (Romanos 12.1-2).

Hay hombres y mujeres en La Viña, que han viajado por medio mundo docenas de veces, utilizando su propio dinero, para servir a los propósitos de Dios. Aprendieron a servir en la iglesia mucho antes de subir a un avión.

En 1978, Todd Hunter, quien ahora sirve como Director Nacional para la Asociación de Iglesias de La Viña, vino a decirme que quería ir a Wheeling, West Virginia para plantar una iglesia de La Viña.

El no tenía ni idea de cómo era Wheeling, pero yo pude ver el fuego en sus ojos. Su esposa, Debbie, también estaba comprometida a hacerlo. Pude ver energía y liderazgo en ellos.

Entonces, para comenzar, lo hice difícil para ellos, dándoles tareas arduas. "Vé al hospital y ora por los enfermos", ¿Piensas que las enfermeras le dieron la bienvenida a un joven de veintidós años de edad que quería imponer manos sobre la gente? Pero logró entrar y en el transcurso del tiempo muchas personas fueron tocadas y bendecidas. Eventualmente, algunos comenzaron a llegar a la iglesia. Algunos hasta fueron sanados. Luego dije: "¿Por qué no comenzáis una célula?" De pronto descubrí que ya tenían floreciendo un grupo, y que había personas convirtiéndose. Este joven aprobó cada reto que le di.

Finalmente, el Espíritu Santo dijo que ya era tiempo de que saliera. Yo sabía que lo podía enviar, no por lo que él sabía, sino porque había demostrado su compromiso mediante servicio.

Amar a la iglesia

La segunda medida para evaluar discípulos es si la vida de la iglesia es el centro de su vida. Amar a Cristo es solamente una parte del todo. También tenemos que amar lo que él ama, que es la iglesia entera. Los discípulos aman la iglesia porque Dios ama a la iglesia. Él no mira desde los cielos, viendo divisiones de iglesias, sino a una novia que se prepara para el matrimonio con su Hijo. La iglesia es la única cosa por la cual Jesús vuelve.

Si las personas que llegan a nuestras iglesias se conectan con Jesucristo, puede o no que se queden. Pero si se conectan con Cristo y con otros hermanos en Cristo, es probable que se queden, a menos que el Señor les lleve a otro lugar.

La tercera medida por la que evaluamos a los discípulos, es por la manera en que piensan. Seguir a Jesús debe afectar los patrones de nuestro pensamiento. ¿Piensan ellos como discípulos? Los fundamentos del evangelio llegan a ser tan importantes en la vida espiritual del discípulo comprometido como lo son el corazón y los pulmones en su cuerpo físico.

Queremos engendrar en nuestros discípulos una profunda espiritualidad que rechace un triunfalismo fácil. Los discípulos se dan cuenta que habrán tiempos difíciles en el futuro y que el peregrinaje en el que nos encontramos está lleno de dolor, dificultades, y de las embestidas del enemigo.

También, ellos aprenden que podemos beneficiarnos de las pruebas. Desde mi perspectiva de lectura de la Biblia (y de la historia de la iglesia), el cristianismo no garantiza el cielo aquí en la tierra. Es cierto que vamos al cielo, pero puede que pasemos por el infierno aquí.

La madurez no proviene automáticamente del paso de los años. Algunas de las personas con quienes trabajamos serán más jóvenes espiritualmente que su edad cronológica. Una oración que uso con frecuencia es: "Señor permíteme madurar antes de que envejezca."

Somos llamados a ser líderes en nuestra comunidad, en nuestro trabajo, en nuestro estudio, en el ministerio, en todo lugar que vayamos somos discípulos líderes. Recordemos que Jesús formó en líderes, a sus discípulos. Entonces todos somos líderes en potencia.

Unión Peruana del Sur

ESCUELA DE LIDERES DE GRUPOS PEQUEÑOS

Ciertamente, todos los que somos discípulos ¡somos líderes en potencia! Y esto es algo que todo líder eclesiástico debe inculcar en sus discípulos en la medida que le vaya dando la confianza mientras le instruye. Al hacer eso, los discípulos llegan a sentirse más capaces y plenos para realizar labores de liderazgo en sus comunidades, trabajos, instituciones educativas, vecindades y hogares. Un verdadero líder es humilde y transmite esa humildad en su manera de liderar a sus discípulos. No es prepotente, manipulador ni dictador, sino que es más bien un servidor por encima de señor.

PERFIL DE UN SIERVO LÍDER

QUÉ
= Líder

- Iniciativa
- Influencia
- Motivación
- Creatividad
- Enfoque

CÓMO
= Siervo

- Sumisión
- Unidad
- Edificar
- Animar
- Ayudar

El verdadero líder es una persona con iniciativa en cuanto a su labor ministerial y laboral. Tiene influencia con aquellos que le rodean. Motiva a los que le siguen y esperan su instrucción como su líder. Posee un alto grado de creatividad para llevar a sus discípulos y labor a otro nivel. Y, por último, es una persona enfocada en lo que quiere y desea lograr para que sus discípulos alcancen su mayor potencial mediante su liderazgo.

Todas esas son cualidades, unas cuantas de muchas, que un líder se espera que tenga. Sin embargo, un líder debe ser y tener cualidades de **SIERVO** que incluyen ser un(a) líder sumiso(a) primeramente ante Dios y sus autoridades pertinentes. Promover la unidad entre sus consiervos y discípulos por igual. Edificar la vida de aquellos que están bajo su liderazgo con las palabras precisas y concisas, que vayan acorde con la voluntad de Dios para nuestra edificación y formación. Se espera que este líder siervo también anime a sus discípulos.

Es alarmante y, a la vez, triste ver como hay líderes que no animan a sus discípulos en lo absoluto, sino que se la pasan diciéndole a sus seguidores cosas que no motivan ni dan ganas de continuar con el aprendizaje y formación.

Finalmente, ese(a) líder como siervo(a), también debe ayudar a ese discípulo a crecer y madurar. Esto es sumamente importante ya que no es normal que un bebé permanezca sin gatear o simplemente solo gatee aún después de 2 años de edad, cuando se supone ya debería estar caminando. Lo mismo con todos los que son discípulos. Nosotros, en algún momento, fuimos ayudados hasta lograr la formación y capacitación para poder ayudar a otros también.

Si tan solamente todo líder fuera también siervo, ejemplificando esas cualidades propias de un(a) líder siervo(a) veríamos mayores y mejores resultados en la vida de aquellos que tenemos bajo nuestro liderazgo como nuestros discípulos. Permitámosle al maestro y discipulador por excelencia, Jesucristo, guiarnos para ser humildes como él fue con sus discípulos y los amó. No solo les mandó a amar, sino que ejemplificó ese amor en todo cuanto realizó hasta la muerte en la cruz.

Para lograr nuestro objetivo de formar verdaderos agentes de cambio en la persona de nuestros discípulos, tendremos que dedicar tiempo de calidad, requerirá de mucho esfuerzo y dedicación en oración para recibir la divina dirección que buscamos en cuanto a la formación de aquellos bajo nuestro liderazgo.

Entendamos que, más que transmitirles una idea nuestra, debemos transmitirles una genuina pasión por servirle y agradarle a Dios con nuestro diario vivir. Recordándoles que ser cristiano no es un cliché más ni un título religioso. Sino que ser cristiano es ser un adherente o semejante de Cristo. Es un estilo de vida que redunda en glorificar a Dios con todo y en todo lo que hacemos.

Un siervo líder busca formar a otros que puedan llegar a ser líderes transformadores. Personas que impacten su alrededor con su vida y testimonio. Un(a) verdadero(a) líder no busca resaltar su propia agenda sino que, guiado por el Espíritu Santo, procura seguir los pasos del Maestro de Galilea y el diseño original que persigue sumar y multiplicar en lugar de restar y dividir.

Un líder transformador busca priorizar el cambio de modelos mentales mediante:

1. El cambio personal antes que el de los demás.

2. Hacer discípulos de Cristo antes que 'miembros de una iglesia'.

3. Transformar la comunidad en lugar del iglescrecimiento.

4. Desarrollar estrategias para discipular a los no alcanzados, en lugar de solamente apoyar agencias misioneras.

"El discípulo no es más que su maestro, ni el siervo más que su señor. Bástale al discípulo ser como su maestro, y al siervo como su señor..." Mateo 10:24-25

Es muy importante la Koinonía, pero ¿qué es Koinonía? Es el término griego que describe la unidad espiritual y física de la iglesia.

Una de las características de la iglesia primitiva era su perseverancia en la doctrina de los apóstoles, en la comunión unos con otros, el cristiano participa de esa comunión desde su conversión.

Se trata de una comunión social y espiritual, la frase latina ***Communio Sanctorum*** o comunidad de los santos, identifica a la iglesia como un cuerpo en plena comunión: Cristo la cabeza, el cuerpo la iglesia.

¿Qué es la iglesia de Cristo en el sentido administrativo?

La iglesia es la agrupación de cristianos cuyo desarrollo doctrinal y práctico depende de la Biblia y del Espíritu Santo a través de la participación y utilización de todos los recursos humanos y materiales.

La Biblia como fuente inagotable de sabiduría abunda en información y ejemplos sobre la organización y el orden en materia administrativa, en la creación Dios demuestra su habilidad administrativa planeando, ejecutando, organizando y evaluando cada etapa creativa realizada nada escapa a su control divino no le falta ni le sobra nada. Es el resultado de una buena administración que tiene todo previsto, dispuesto a la hora indicada.

En el Éxodo también se aprecia el ejemplo de una excelente administración, tal es el caso de Moisés tratando de atender él solo las actividades y problemas de todo el pueblo.

Su suegro Jetro, le recomienda seleccionar hombres de virtud para delegarles y compartir con ellos las responsabilidades en medio de una agitada comunidad.

Otra lección es la de la organización del campamento y del tabernáculo. Cada tribu se ubicaba en el lugar que le correspondía, tanto al reposar como al movilizarse se observa en el campamento un orden. Nadie hacía lo que no se le había indicado y los que tenían que hacer algo lo hacían con exactitud.

El tabernáculo fue diseñado de acuerdo con el plan ordenado. El servicio sacerdotal se realizaba por turnos y de acuerdo con un manual, el levítico. En la adoración, en la marcha, o en la guerra el pueblo se movía como un solo hombre.

La iglesia está fundada sobre bases administrativas

El administrador por excelencia Cristo; sentó las bases de una organización universal. La técnica de la acción concentrada, se ve en que aunque el Señor predicó y llamó a las multitudes, escogió un pequeño grupo de doce para comisionarles la continuidad de la obra que el había iniciado.

Pablo, en una de sus cartas a los Corintios, enfatiza que el siervo de Dios debe ser un buen administrador: "se requiere de los administradores que cada uno sea hallado fiel" en este pasaje se establecen tres hechos.

Primero, que para ser administrador de los misterios de Dios es necesario ser un servidor.

Segundo, que los misterios de Dios, es decir, la iglesia con todos sus factores divinos y humanos, es un cuerpo administrable.

Tercero, que el requisito por excelencia para participar en la administración es la fidelidad.

La Iglesia es una verdadera empresa administrable

Una empresa, como la describe el profesor Reyes Ponce, está formada por tres elementos: bienes materiales o elemento pasivo; hombres o elemento activo, y sistemas o normas de conducta, disciplina y orientación. La iglesia, también está integrada por estos tres tipos de elementos.

1- **Bienes Materiales**: Para el desarrollo de sus múltiples actividades, la iglesia adquiere propiedades inmuebles, edificios, mobiliario, equipos y materiales.

El pueblo de Dios ha poseído siempre este tipo de pertenencias y se puede comprobar viendo al templo del Antiguo Testamento como también a las posesiones de la iglesia primitiva.

2- **Hombre:** El elemento humano es la parte vital de la iglesia y constituye el factor primario en la administración. Aunque se dice que tratar con gente es la tarea más difícil; tratar con la gente de Dios aplicando las técnicas de un verdadero líder cristiano, resulta una experiencia especial e inspiradora. Se descubren talentos, se preparan y se les ocupa en la obra como una labor cumbre de un ministro.

3- **Sistemas:** La iglesia posee manuales, constituciones, reglamentos, etc., pero la base de su gobierno y disciplina es la Biblia.

Oficiales y Gobierno Eclesiástico del Nuevo Testamento

El Gobierno de la iglesia se basa en el Nuevo Testamento

A través de los siglos han existido grupos opuestos a todo tipo de gobierno eclesiástico, argumentando que cuando se establecen reglas o jerarquías organizacionales se obstaculiza la expresión del Espíritu Santo y no se sigue la voluntad de Dios sino de los hombres.

La experiencia ha demostrado, en distintas ocasiones, que la única libertad que perdura y fructifica es la que surge de una organización equilibrada, donde los derechos humanos son respetados, reina el orden y la justicia. El orden libera; el anarquismo cautiva.

El anarquismo y el desorden han conducido a las masas a la frustración y a la ruina. Proverbios 11:14 dice: "Donde no hay dirección sabia, caerá el pueblo; más en la multitud de consejeros hay seguridad". Esta es una verdad contundente contra el anarquismo y lo es también contra el despotismo.

La iglesia no tiene necesidad de oscilar entre el despotismo y el anarquismo. El Nuevo Testamento establece las bases para una administración equitativa. No se espera hallar en la Biblia cada detalle del programa administrativo; pero si se debe depender de ella para el establecimiento de oficiales, normas y objetivos.

Oficiales de la Iglesia según el Nuevo Testamento

Un estudio exegético y comparativo de Efesios 4:11 ilustra la técnica administrativa de Cristo al establecer oficiales, tanto ordinarios como extraordinarios: "Y él mismo constituyó a unos apóstoles; a otros, profetas; a otros, evangelistas; a otros, pastores y maestros". La razón de estos nombramientos se expresa en el verso 12: "a fin de perfeccionar a los santos para la obra del ministerio para la edificación del cuerpo de Cristo".

Relación entre hermanos en las congregaciones

Finalizamos este libro sobre *relaciones humanas al modo de Dios* con este capítulo que brega con una de las más difíciles, pero no imposible de llevar y tener; la relación entre nuestros hermanos en las congregaciones eclesiásticas. Para entender este tipo de relación y poder gozar de una buena, creciente y saludable con nuestros hermanos en la fe tendremos que comprender que la misma no será posible ni subsistirá sin el amor Ágape como eje de nuestra relación.

Por encima del amor Phileos, debe existir el amor Ágape (aquel amor que se da a pesar de cualquier cosa o situación) ese amor que ejemplificó nuestro Señor Jesús con sus discípulos y también a toda la humanidad al dar su vida como el último sacrificio concluyendo su ministerio en esta tierra. "Porque de tal manera amó Dios al mundo, que ha dado a su hijo unigénito, para que todo aquel que en él cree no se pierda más tenga la vida eterna" Juan 3:16 un versículo muy conocido por muchos y que debería ser nuestro mayor motivo para mantenernos sirviéndole a Cristo.

En este último capítulo, empezaré abordando el amor fraternal o phileos. En su primera carta a los Tesalonicenses capítulo 4 verso 9 Pablo escribe: "En cuanto al **amor fraternal**, no necesitan que les escribamos, porque Dios mismo les ha enseñado a amarse unos a otros". Y, por otro lado, en su carta a los Romanos capítulo 12 y verso 10 dice "Ámense los unos a los otros con **amor fraternal**, respetándose y honrándose mutuamente". Precisamente eso es lo que Dios, nuestro creador, espera de nosotros en cuanto a nuestra conducta los unos con los otros dentro de las congregaciones. Y lo cierto es, que si nos sentimos o creemos parte del cuerpo de Cristo, ese amor se reflejará en el modo de tratarnos los unos a los otros.

El amor phileos o fraternal del cual nos habla Pablo en la Biblia debe ser genuino, diario y activo. Genuino porque, tristemente, existe demasiada falsedad entre muchos que se dicen llamar "hermanos en Cristo". Hay veces que llegamos a una congregación "X" y al llegar nos reciben de manera frívola y distante. No nos sentimos acogidos ni bien recibidos.

Y, tan solo póngase a pensar, siendo uno cristiano igual que la persona que llega a dicho templo y no me demuestran amor fraternal, ¿cómo se sentirá una persona que no conoce a Cristo como su salvador personal? Por otro lado, meditemos en esta porción escritural que se encuentra en la primera epístola de Juan capítulo 4:20-21 *"Si alguno dice: Yo amo a Dios, y aborrece a su hermano, es mentiroso. Pues el que no ama a su hermano a quien ha visto, ¿cómo puede amar a Dios a quien no ha visto? Y nosotros tenemos este mandamiento de él: El que ama a Dios, ame también a su hermano"*. Hace no mucho tiempo, para ser preciso, el pasado mes de septiembre de 2017, estuve recibiendo un seminario para líderes y pastores, y durante un receso que se nos concedió platicábamos entre líderes mientras estábamos sentados a la mesa.

Y de un momento a otro me da por vacilar a un amigo pastor diciéndole que debería pedirle a la hermana que servía una doble porción del bocado que se nos entregaba como parte del receso, a lo que el amigo pastor dijo primero con señas y luego al acercarse a mí: "No varón, no me estés diciendo que haga o pida eso a la hermana aquella, porque ella y yo ¡NO nos llevamos!" Y, el pastor aquel, procedió a "explicarme" el por qué no se llevaban él y la hermana aquella. Al escuchar aquello, les confieso hermanos, mis ojos quedaron salidos así como la del emoticón en las redes sociales.

No pude creer ni mucho menos entender, ¿cómo es posible que permitamos que asuntos triviales de la carne se interpongan entre nosotros y nuestros hermanos en la fe? ¿Acaso no hemos aprendido a perdonar a nuestros deudores o los que nos ofenden, tal cual nos dice la oración modelo que debemos ejemplificar? Y una ráfaga de preguntas más surgieron dentro de mí como por ejemplo: Si Cristo vinieses ahora mismo ¿qué sería de la vida de estos hermanos, se irían o no con Cristo? o ¿será acaso que irán a "cielos distintos" en el rapto? O sea, mínimo, la actitud de ellos es, precisamente, la contraria a la que Dios espera que tengamos y reflejemos dentro de la congregación y a aquellos que pueden y debieran ser ganados para Cristo a través de nuestra conducta.

Simplemente debemos entender, que si realmente queremos impactar a nuestra comunidad y a los que se encuentran a nuestro alrededor, debemos cambiar el orgullo por la humildad, la altivez por la sencillez y la falta de perdón por el perdón genuino. Hay muchos que, desafortunadamente, no han llegado a los pies de Cristo a causa de nuestra pobre "publicidad" de Cristo. O sea, una pésima representación de nuestro Señor aquí en la tierra. El apóstol Pablo toca sobre este tema en su primera epístola a los Corintios en el capítulo 15 versículos 33 al 34: *"No erréis; las malas conversaciones corrompen las buenas costumbres. Velad debidamente, y no pequéis; porque algunos no conocen a Dios; para vergüenza vuestra lo digo"*

Ten cuidado
AYUDANDO A PAREJAS
con quien te desahogas, solo a algunas personas les importa, el resto solo tiene curiosidad.

Llego a entender, entonces, por qué es que muchas personas se sienten decepcionadas y no quieren congregarse. Debido a ese tipo de actitud que ven.

Y a pesar de que tendemos a decir: No te fijes en los hombres sino fíjate en Jesús, se supone que Jesús deba reflejarse a través de nuestra vida, en el amor fraternal y corazón perdonador que caracteriza a Jesús y lo distinguió mientras vivió sobre la faz de esta tierra.

El mismo Jesús nos dice en el evangelio según San Juan capítulo 13 versos 34 y 35: *"Un mandamiento nuevo os doy: que os améis unos a otros; como yo os he amado, que también os améis unos a otros.*

En esto conocerán todos que sois mis discípulos, si tuviereis amor los unos con los otros". Y más adelante en el capítulo 15 versos 13 al 15 y 17: *"Nadie tiene mayor amor que este, que uno ponga su vida por sus amigos. Vosotros sois mis amigos, si hacéis lo que yo os mando. Ya no os llamaré siervos, porque el siervo no sabe lo que hace su señor; pero os he llamado amigos, porque todas las cosas que oí de mi Padre, os las he dado a conocer. Esto os mando: Que os améis unos a otros".* Entonces, al leer esos pasajes de la Biblia, que les compartí en el capítulo anterior de este libro abordando 'Relaciones de líderes y discípulos', entendemos que el amar a nuestro prójimo y hermano en la fe no es un asunto opcional. Se trata de un **MANDATO** y un **COMPROMISO**.

Eso es **EL AMOR**. Cuando entendemos eso, todas las relaciones de las cuales mi co-autora y yo les hemos hablado en este libro y que compartimos en nuestras conferencias, se nos hace mucho más fáciles de tener y llegan a ser mucho mejor y más duraderas.

Por otro lado, el amor debe ser diario. Es decir, no podemos decir hoy te amo pero mañana no. O, si me haces mal hoy no esperes que te ame mañana. Simplemente no funciona de esa manera y Dios no es autor de ese tipo de "amor".

Aún cuando tenemos dificultades y las personas a las que amamos nos pudieran dar motivos para no amarlas, es nuestro deber, como verdaderos hijos de Dios, amarlas y, si nos han hecho mal, perdonarlas. Es importante entender, entonces, que para perdonar hay que amar, si no se ama simplemente no se perdona. A diario vemos y escuchamos de casos de personas, mayormente parejas de las cuales uno o los dos dicen: "Ya no amo…" y esto lo dicen refiriéndose a su pareja a la cual le prometieron amor por siempre delante de Dios y muchos testigos. Y, surge la pregunta: ¿Sería realmente amor lo que unió a esa pareja o fue meramente ilusión y pasión? Si vamos a la primera carta de Pablo a los Corintios en el capítulo 13 versículos 7 y 8 nos dice: "Todo lo sufre, todo lo cree, todo lo espera, todo lo soporta. El amor nunca deja de ser; pero las profecías se acabarán, y cesarán las lenguas, y la ciencia acabará".

Al leer detenidamente esas palabras de Pablo a la iglesia en Corinto, nos damos cuenta de que muchos ahí tenían dones, habilidades y demás. Pero, al mismo tiempo, tenían dificultad en cuanto a amarse los unos a los otros. Este amor del cual se habla es un amor Ágape y el mismo no se acaba ni se termina. Es uno que debemos dar a diario si es que en verdad Cristo habita en nosotros y nos ha regenerado.

Y, finalmente, el amor debe ser activo. Ese mismo capítulo 13 de la carta a los Corintios nos habla de una serie de cosas que el amor verdadero refleja a través de nosotros: "Es sufrido, es benigno, no tiene envidia, no es jactancioso, no se envanece, no hace nada indebido, no busca lo suyo, no se irrita, no guarda rencor; no se goza de la injusticia, mas se goza de la verdad". En todas esas cosas que acabamos de describir acerca del amor notamos *ACCIÓN*, lo que nos deja claro de que el amor no es pasivo sino *ACTIVO*. Cuando decimos que amamos nuestras acciones reflejan ese amor. Puede ser que no siempre aquellas personas a las que amamos vean claramente nuestras acciones amorosas, hasta es posible que piensen que no les amamos porque, a su parecer, lo que hacemos no se encuentra dentro de lo que ellos piensan que es amor. Probablemente no les estemos complaciendo en todo lo que quieran o dándole todo lo que nos piden, pero eso no significa que no se les ama genuinamente.

Por ende, hay que evaluar qué se considera como amor para que las partes involucradas puedan estar plenamente acordes o, por lo menos, entendidos de que su amor es verdadero.

Todo creyente, lavado por la sangre de Cristo, tiene la responsabilidad de reflejar y proliferar este amor dentro de las relaciones entre hermanos en las congregaciones. ¡Es una gran mentira del mismo diablo de que un llamado "cristiano" que no ama a su hermano, igual va ir al reino de los cielos!

Cuando leemos en el libro de Mateo capítulo 25: 31-46 nos damos cuenta de que en el día del juicio final habrán muchas sorpresas y sorprendidos a causa del por qué muchos piensan que deben tener un "pase" a la vida eterna. Pero, fíjese bien, lea cuidadosamente ese pasaje, y se dará cuenta de que lo que Jesús esperaba de aquellos descritos ahí y espera de nosotros, son actos propios que denoten un amor genuino, diario y activo. Solo de esa manera alcanzaremos la benevolencia y misericordia de Dios para nuestra vida.

Cierro este capítulo y, al mismo tiempo, este libro sobre relaciones humanas al modo de Dios, diciendo que nunca podremos ser eficaces ni mucho menos duraderos en ninguna relación sin la dirección e inclusión del Espíritu Santo.

Algunos pensarán que hablo de religión pero, como he dicho desde el principio de este libro y recalco ahora, es más que religión, se trata de relación. De hecho, si nuestra relación con aquel que nos creó: Jehová de los ejércitos es sólida y buena, nuestras relaciones aquí en la tierra también serán sólidas y buenas.

Determinémonos a dar pasos cónsonos y precisos para lograr mejorar, primeramente, nuestra relación con nuestro creador (Dios) y, así, poder tener mucha satisfacción en nuestras relaciones humanas ya que las mismas serán: *Al modo de Dios.*

Bibliografía e Ilustraciones

1. Por internet: La Voz De Houston; que habla acerca de los patronos y empleados. Pág. 52-58

2. Blog Ideas de Babel por internet. Pág. 59-63

3. Campus Ministerial Cielos Abiertos, Por John Wimber. Pág. 69-75

4. Teología e historia por internet- Administración de la iglesia cristiana. Pág. 81-87

5. ACV / El Confidencial por internet. Pág. 32

6. Todos los pasajes bíblicos fueron tomados de la versión Reina-Valera de 1960 para corroborar la temática de este libro.

7. Todas las ilustraciones e imágenes a excepción de dos, fueron tomadas del internet a través de Google search o que fueron compartidas a través de redes sociales.

Acerca de los autores:

El Evangelista **_Giovanni Antonio Belgrave Gittens_**, es un destacado Comunicador Social por muchos años. Laboró como reportero y locutor de noticias en varias emisoras, tanto en la república de Panamá como también en los Estados Unidos. Además, fue conductor y productor de programas radiales tales como: "Dialogando Con Dios" y "La Hora de Bendición" patrocinados por La Iglesia de Dios de Colón, R. De Panamá. Ha tenido el privilegio de compartir la Palabra de Dios en diversas iglesias y congregaciones también en Panamá y EE.UU., y compartir diversos seminarios y conferencias sobre Prédica Teatral y sobre Sanidad Interior basados en su manual de **_"Prédica Teatral comoherramienta evangelística"_** y su libro: **_"¿Qué Hay En Tu Corazón?"_**.

Giovanni, cursó estudios de periodismo y radiodifusión tanto en la ULACIT como también en Long Island University, y obtuvo una Maestría en Teología de La Universidad Cristiana.

Le encanta adorar al Señor y componerle canciones como músico e intérprete que ha sido desde su adolescencia.

Actualmente, es Presidente del **Ministerio de ComunicacionesKERYGMA**, un ministerio dedicado primordialmente a compartir la palabra de Dios a través de todos los medios de comunicación disponibles, seminarios talleres, conferencias y programas de rescate de almas entre muchos eventos para edificar a las vidas. Es predicador de la palabra de Dios y está disponible para los eventos antes mencionados y compartir con su congregación u organización llamando al (973) 517-000 para EE.UU. y centroamérica, (507) 6469-3131 para Panamá y sudamérica, (829) 564-2128 para Rep. Dominicana y el caribe, o mediante el email: kerygmacm@aol.com

****

La ministra *Jéssica María Thomas Gómez*, nació en Puerto Plata, República Dominicana, el 29 de agosto de 1986. Hija primogénita de los pastores Gregorio Thomas y Josefa Gómez. Es estudiante de psicología, ha trabajado para *BRIGADA DE LA LUZ* (una institución educativa, entre otras) educando a niños y jóvenes especiales y con discapacidad. Además, ha desempeñado varias funciones de liderazgo, entre ellos la de maestra bíblica, Consejería juvenil, Etc. Las cuales desempeña en la Iglesia que pastorean sus padres. Este libro, que escribe como co-autora junto a Giovanni Belgrave, es su primer trabajo literario impreso que plasma, de manera eficiente, su calidad de consejera, futura psicóloga y profesional en charlas sobre relaciones humanas.